# Sal, solecito

## AUTORAS

María Acosta ❖ Alma Flor Ada ❖ Ramonita Adorno de Santiago ❖ JoAnn Canales ❖ Kathy Escamilla
Joanna Fountain-Schroeder ❖ Lada Josefa Kratky ❖ Sheron Long ❖ Elba Maldonado-Colón
Sylvia Cavazos Peña ❖ Rosalía Salinas ❖ Josefina Villamil Tinajero
María Emilia Torres-Guzmán ❖ Olga Valcourt-Schwartz

**MACMILLAN/McGRAW-HILL SCHOOL PUBLISHING COMPANY**
NEW YORK          CHICAGO          COLUMBUS

**Teacher Reviewers**

Hilda Angiulo, Jeanne Cantú, Marina L. Cook, Hilda M. Davis, Dorothy Foster, Irma Gómez-Torres, Rosa Luján, Norma Martínez, Ana Pomar, Marta Puga

# ACKNOWLEDGMENTS

*The publisher gratefully acknowledges permission to reprint the following copyrighted material:*

"Sal, solecito" (originally titled "Para que salga el sol") from UNA, DOLA, TELA, CATOLA, by Carmen Bravo-Villasante. © Carmen Bravo-Villasante 1976. Published by Susaeta Ediciones. Used by permission of the publisher.

"¡Que llueva!" appears in LET'S PLAY GAMES IN SPANISH, compiled by Loretta Burke Hubp. This song was originally published by Cooperative Recreation Service, Inc. of Delaware, Ohio. Extensive research failed to locate the copyright holder of this work.

"Lluvia" by Susana López de Gomara from POESÍA INFANTIL, edited by Elsa Isabel Bornemann. © Ediciones Pre-escolar S.A. Used by permission of the publisher.

LLEGÓ LA PRIMAVERA translation of the entire text of SPRING IS HERE by Taro Gomi. Copyright © 1989 by Taro Gomi. American text copyright © 1989 by Chronicle Books. First published by Libroport Co., Ltd., Tokyo, Japan. Used by permission of Chronicle Books.

"Las campanillas" by Ernesto Galarza from POEMAS PE-QUE PE-QUE PE-QUE-ÑITOS. Copyright 1972 by Ernesto Galarza. Used by permission of Mae Galarza.

*We are grateful for permission to reproduce the book covers only of the following books:*

EL CHIVO EN LA HUERTA by Lada Josefa Kratky. Copyright © 1989 Hampton-Brown Books.

LA GALLINITA, EL GALLO Y EL FRIJOL by Lada Josefa Kratky. Copyright © 1989,1992 Hampton-Brown Books.

LA PRIMAVERA by Asun Balzola and Josep Mª Parramón. Published by Barron's Educational Series, Inc. © Parramón Ediciones, S.A. Fourth Edition,1984.

EL VERANO by Carme Solé Vendrell and Josep Mª Parramón. Published by Barron's Educational Series, Inc. © Parramón Ediciones, S.A. Fourth Edition, 1984.

EL OTOÑO by Ulises Wensell and Josep Mª Parramón. Published by Barron's Educational Series, Inc. © Parramón Ediciones, S.A. Fourth Edition, 1984.

EL INVIERNO by Carme Solé Vendrell and Josep Mª Parramón. Published by Barron's Educational Series, Inc. © Parramón Ediciones, S.A. Fourth Edition, 1984.

**COVER DESIGN:** Designframe Inc., N.Y.C.
**COVER ILLUSTRATION:** Dale Verzaal

**DESIGN:** The Hampton-Brown Company

**ILLUSTRATION CREDITS**
Glen Iwasaki, 4-5(bkgds. & typography); Manual Garcia, 6-27; Roni Shepherd, 28-29; Vicki Wehrman, 30-53; Rosalind Solomon, 56-57; Glen Iwasaki, 92-95.

**PHOTOGRAPHY CREDITS**
6: Courtesy of Argentina Palacios. 54: Craig Lovell. 54-55: Grant Huntington. 57: Muriel Orans Photography. 58: Courtesy of Japan Foreign Rights Centre.

Macmillan/McGraw-Hill School Division
10 Union Square East
New York, New York 10003

Printed in the United States of America
ISBN 0-02-178002-1 / 1, L.3
   2 3 4 5 6 7 8 9  RRW  99 98 97 96 95 94 93

# SAL, SOLECITO

Sal, solecito,
y estáte aquí un poquito.
Hoy y mañana,
y toda la semana.

*Tradicional*

# SAL, SOLECITO

# 58

## Llegó la primavera

cuento

*texto e ilustraciones de Taro Gomi*
*libro en español de Sara Poot Herrera*
**Premio Sankei, Japón;**
**Ganador del Premio Gráfico en la feria**
**del libro infantil de Bolonia**

¿Qué cosas maravillosas ocurren
en la primavera?

# Conozcamos a Argentina Palacios

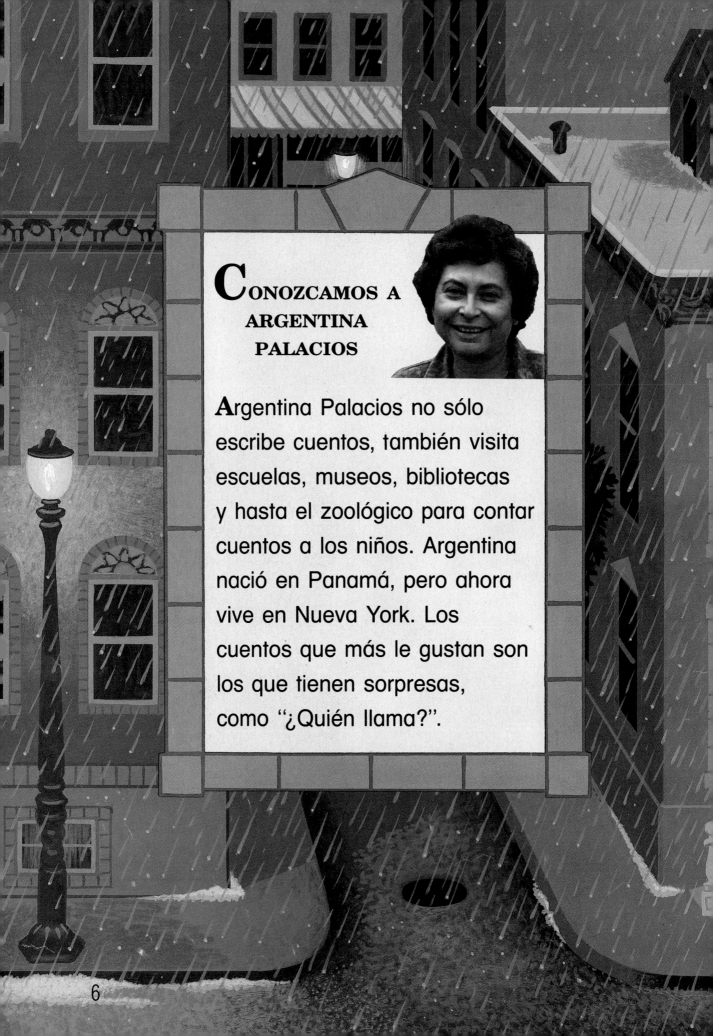

Argentina Palacios no sólo escribe cuentos, también visita escuelas, museos, bibliotecas y hasta el zoológico para contar cuentos a los niños. Argentina nació en Panamá, pero ahora vive en Nueva York. Los cuentos que más le gustan son los que tienen sorpresas, como "¿Quién llama?".

# ¿Quién llama?

Argentina Palacios
ilustraciones de Manuel Garcia

—¿Quién llama?
—dice Luis Alberto.

—Es un pingüino con un pepino
—dice Juan Pablo.

-No.

Es un gato con un zapato
—dice Luis Alberto.

-**No.**
Es un castor con un tambor
—dice Juan Pablo.

# -No.

Es un dragón en un camión
—dice Luis Alberto.

—¿Eh? ¿Quién llama?
—dice Juan Pablo.

—Es un potrillo con un rastrillo
—dice Luis Alberto.

## -No.

Es un león en el balcón
—dice Juan Pablo.

# —No.

Es un pavo con un centavo
—dice Luis Alberto.

—¿Eh? ¿Quién llama?
—dice Juan Pablo.

—Es una iguana con
una campana
—dice Luis Alberto.

-**No.**

Es un perro con un cencerro
—dice Juan Pablo.

# -No.

Es un tiburón con camisón
—dice Luis Alberto.

—¿Eh? ¿Quién llama?
—dice Juan Pablo.

—¿Quién es?
—dice Juan Pablo.

—Ay, ¡es la lluvia!
—dicen Luis Alberto
y Juan Pablo—.
Vamos a cantar.

"Que llueva, que llueva,
La Vie-ja de la cue-va. . ."

Cantan y cantan,
pero en voz bajita,
para no despertar
a su mamita.

# ¡Que llueva!

*Moderato*  Tradicional

Que llue-va, que llue-va, La

Vie-ja de la cue-va.

Los pa-ja-ri-tos

can-tan, la ma-dre se le-

van-ta. Que sí, que

no, ¡que llue-va un cha-pa-rrón!

# El invierno canta...

## Lluvia

Lluvia saltarina
cae en mi ventana,
baila que te baila,
canta que te canta.

Dicen que esa lluvia
viene desde Francia,
baila que te baila,
canta que te canta.

Lluviecita fina
que el viento levanta,
baila que te baila,
canta que te canta.

—Susana López de Gomara

28

# Buena defensa

Para defenderse
del frío del invierno,
su bata de lana
se puso el borrego.

—Anónimo

# Invierno

Salir a jugar feliz
y, para no acatarrarse,
¡abrigarse la nariz!

—Alma Flor Ada

29

# La margarita

*cuento tradicional*
*versión de*
## Lada Josefa Kratky

*ilustraciones de*
## Vicki Wehrman

Debajo de la tierra,
una pequeña semilla
duerme tranquila.

De vez en cuando,
brilla el sol caliente.

De vez en cuando,
cae la lluvia.

Una mañana,
sale el sol.

Y un rayo de sol
llama a la puerta.
Llama a la casa
de la pequeña
semilla.

—Sal, semillita, sal.
Sal a jugar conmigo.

—Ay, solecito,
no quiero salir.
No quiero jugar.
Quiero dormir.

Y debajo de la tierra,
la pequeña semilla
duerme tranquila.

Otro día,
cae la lluvia,
gota tras gota.

Y una gota de agua
llama a la puerta.
Llama a la casa
de la pequeña semilla.

—Sal, semillita, sal.
Sal a jugar conmigo.

—Ay, gotita,
no quiero salir.
No quiero jugar.
Quiero dormir.

Y debajo de la tierra,
la pequeña semilla
duerme tranquila.

Muchos días
después, sale el sol,
y cae la lluvia.

Juntos, el rayito de sol
y la gota de agua
llaman a la puerta.
Llaman a la casa
de la pequeña semilla.

—Sal, semillita, sal.
Sal a jugar
con nosotros.

Entonces, se abre
la puerta un poquito.
Y poquito a poco,
un tallito sale
de la tierra.

Después, crece
una hojita, luego otra.
Y nace un pimpollo.

Se abre un pétalo.
Se abren dos, y
otros más.

Sonriendo,
dice la margarita:
—Ay, solecito,
ay, gotita, vamos
juntos a jugar.

Y juntos, el sol,
la lluvia y
la margarita
se ponen a jugar.

# Conozcamos a
# Lada Josefa Kratky

"La margarita" es uno de esos cuentos que pasan de padres a hijos. Y cada persona que lo cuenta lo cambia un poco para hacerlo suyo.

—Oí "La margarita" por primera vez en Uruguay cuando era niña —dice Lada—. Recuerdo que, después de oírlo, aprendí cómo hacer una cadena de margaritas.

Lada viaja con sus dos hijos por todo el mundo. En los países que visita, lee los cuentos tradicionales, que son los que más le interesan.

Aquí hay más cuentos que Lada escribió.

### El chivo en la huerta
por Lada Josefa Kratky

Este cuento mexicano trata de un chivo maleducado y de una hormiga de lo más valiente.

### La gallinita, el gallo y el frijol
por Lada Josefa Kratky

Un día, una gallina halla un frijol. Se lo da a su gallo querido, pero éste se atraganta. ¿Quién lo salvará? Hay otras versiones de este cuento: una es de Puerto Rico y otra de Rusia.

Aquí ves un alfiler y una semilla de una margarita. ¡Qué chiquitita es la semilla!

# Cómo crecen las semillas

Con agua y sol le crecen las raíces.

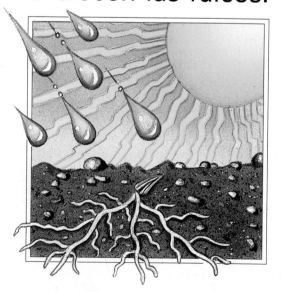

Con más agua y sol le crecen el tallo y las hojas.

La flor tiene las semillas.
De cada semilla podría
crecer una nueva planta.

# Conozcamos a Taro Gomi

Taro Gomi es un escritor y dibujante japonés. Sus ilustraciones se usan en dibujos animados y hasta para hacer ropa de niños. Además de escribir "Llegó la primavera", hizo también los dibujos. Fíjate en los vivos colores de las ilustraciones con las que ganó un premio importante.

# Llegó la primavera

cuento e ilustraciones de Taro Gomi

libro en español
de Sara Poot-Herrera

# Llegó la primavera.

La nieve se derrite.

# La tierra está fresca.

Brota la hierba.

# Las flores florecen.

# La hierba crece.

# Los vientos soplan.

Las tormentas rugen.

# La tranquila cosecha llega.

La nieve cae.

Los niños juegan.

El mundo calla.

# El mundo se viste de blanco.

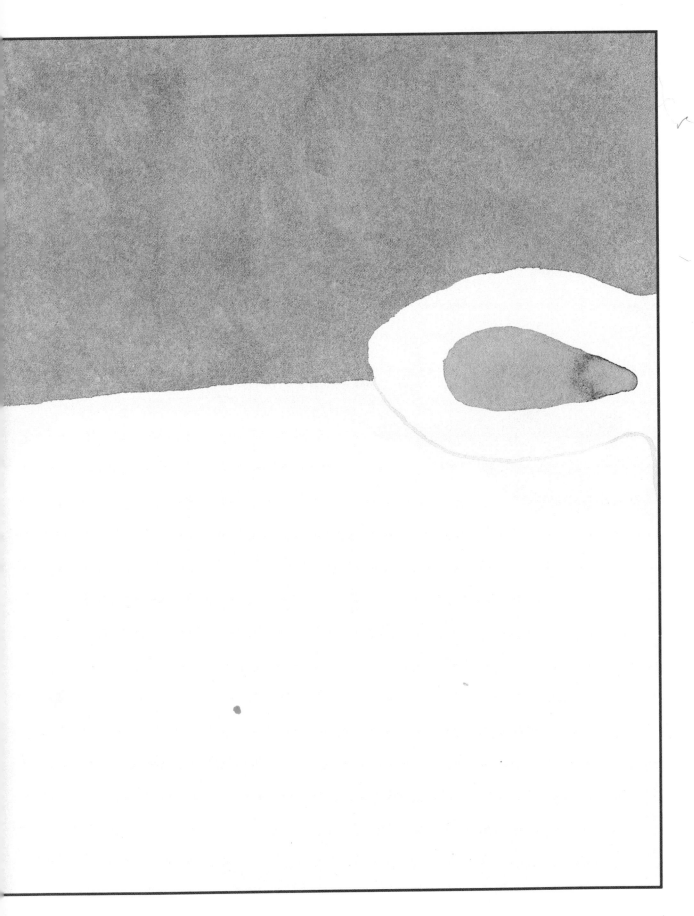

La nieve se derrite.

El becerro ha crecido.

# Llegó la primavera.

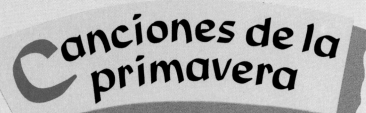

# Canciones de la primavera

Las campanillas de la dedalera cantan que viene la primavera.

—Ernesto Galarza

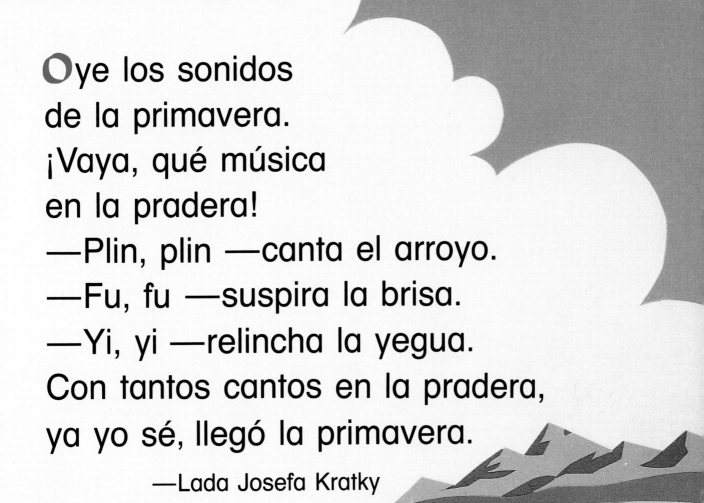

Oye los sonidos
de la primavera.
¡Vaya, qué música
en la pradera!
—Plin, plin —canta el arroyo.
—Fu, fu —suspira la brisa.
—Yi, yi —relincha la yegua.
Con tantos cantos en la pradera,
ya yo sé, llegó la primavera.

—Lada Josefa Kratky

# ¿Y qué pasa después de la primavera?

Por supuesto, las estaciones del año llegan y se van, una y otra vez. Puedes leer estos libros que te hablan de cada estación.

## *La primavera*
por Asun Balzola y Josep Mª Parramón

## *El verano*
por Carme Solé Vendrell y Josep Mª Parramón

## *El otoño*

por Ulises Wensell y Josep Mª Parramón

## *El invierno*

por Carme Solé Vendrell y Josep Mª Parramón

# ACKNOWLEDGMENTS

*The publisher gratefully acknowledges permission to reprint the following copyrighted material:*

"Sal, solecito" (originally titled "Para que salga el sol") from UNA, DOLA, TELA, CATOLA, by Carmen Bravo-Villasante. © Carmen Bravo-Villasante 1976. Published by Susaeta Ediciones. Used by permission of the publisher.

"¡Que llueva!" appears in LET'S PLAY GAMES IN SPANISH, compiled by Loretta Burke Hubp. This song was originally published by Cooperative Recreation Service, Inc. of Delaware, Ohio. Extensive research failed to locate the copyright holder of this work.

"Lluvia" by Susana López de Gomara from POESÍA INFANTIL, edited by Elsa Isabel Bornemann. © Ediciones Pre-escolar S.A. Used by permission of the publisher.

LLEGÓ LA PRIMAVERA translation of the entire text of SPRING IS HERE by Taro Gomi. Copyright © 1989 by Taro Gomi. American text copyright © 1989 by Chronicle Books. First published by Libroport Co., Ltd., Tokyo, Japan. Used by permission of Chronicle Books.

"Las campanillas" by Ernesto Galarza from POEMAS PE-QUE PE-QUE PE-QUE-ÑITOS. Copyright 1972 by Ernesto Galarza. Used by permission of Mae Galarza.

*We are grateful for permission to reproduce the book covers only of the following books:*

EL CHIVO EN LA HUERTA by Lada Josefa Kratky. Copyright © 1989 Hampton-Brown Books.

LA GALLINITA, EL GALLO Y EL FRIJOL by Lada Josefa Kratky. Copyright © 1989, 1992 Hampton-Brown Books.

LA PRIMAVERA by Asun Balzola and Josep Mª Parramón. Published by Barron's Educational Series, Inc. © Parramón Ediciones, S.A. Fourth Edition, 1984.

EL VERANO by Carme Solé Vendrell and Josep Mª Parramón. Published by Barron's Educational Series, Inc. © Parramón Ediciones, S.A. Fourth Edition, 1984.

EL OTOÑO by Ulises Wensell and Josep Mª Parramón. Published by Barron's Educational Series, Inc. © Parramón Ediciones, S.A. Fourth Edition, 1984.

EL INVIERNO by Carme Solé Vendrell and Josep Mª Parramón. Published by Barron's Educational Series, Inc. © Parramón Ediciones, S.A. Fourth Edition, 1984.

**DESIGN:** The Hampton-Brown Company

**ILLUSTRATION CREDITS**
Glen Iwasaki, 4-5(bkgds. & typography); Manual Garcia, 6-27; Roni Shepherd, 28-29; Vicki Wehrman, 30-53; Rosalind Solomon, 56-57; Glen Iwasaki, 92-95.

**PHOTOGRAPHY CREDITS**
54: Craig Lovell. 54-55: Grant Huntington. 57: Muriel Orans Photography.